AF260345

JULES GIRARD

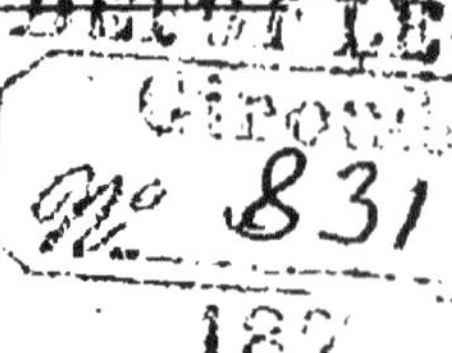

LES CHARLATANS

DE

L'APPEL AU PEUPLE

15 centimes

Prix exceptionnel pour la Propagande

PARIS

Le Chevalier, Éditeur

61, rue de Richelieu, 61

Tous droits réservés

1874

La propagande républicaine s'est proposée pour but de répandre, sous la forme commode de la brochure à bon marché, que l'on lit et conserve mieux qu'un journal, l'instruction républicaine parmi les masses non éclairées des campagnes. Ce moyen largement employé par nos adversaires et qui, qu'on ne se le dissimule point, leur réussit si bien, ainsi que nous l'ont appris les dernières élections de Charente, Nièvre et Calvados, doit-être employé par le parti républicain sous peine de déchéance. Nous faisons donc appel ici à toutes les convictions sincères, à tous ceux qui croient que ce n'est qu'en luttant sans cesse pour la vérité, que l'on peut arriver à la faire pénétrer dans les campagnes les plus reculées et dans les cerveaux les plus réfractaires.

Là ou nos ennemis cherchent à épaissir les ténèbres, il faut apporter la lumière.

Que le parti républicain veuille et demain il aura l'immense majorité du pays avec lui.

Cette propagande est facile à faire ; dix ou quinze républicains, réunis en groupe, peuvent, en apportant chacun leur obole, souscrire pour au moins cent exemplaires à notre publication, ou toute autre du même genre (1), et ces cent exemplaires bien distribués donneront avant peu des résultats surprenants.

Là où on émeut si facilement avec le mensonge, le droit, la justice, doivent pousser des racines d'autant plus profondes : ceux qui se laissent apitoyer par des malheurs imaginaires ne peuvent être insensibles au récit des malheurs de la Patrie.

———

Voici le prix exceptionnel de cette brochure pour la propagande, rendue Franco dans tout la France :

10 Exemplaires.		**1** fr.
100		9, »
200	—	17,50
500	—	40, »

Adresser les demandes à M. Jules Girard, 30, rue Lacornée, Bordeaux. — à Paris chez M. Le Chevalier, 64, rue de Richelieu.

Une deuxième édition de la brochure ·

LES GRANDS TRAITRES

BOURBON — BIRON — BOUILLÉ — BONAPARTE
BAZAINE !

est également en vente aux prix marqués ci-dessus.

(1) La Société d'Instruction Républicaine (en vente également chez M. A. Le Chevalier, à Paris) publie des brochures à 5 et 15 centimes avec prix réduits pour propagande.

LES CHARLATANS

DE

L'APPEL AU PEUPLE

I

Qu'est-ce que l'appel au peuple sans le suffrage universel ? — Rien.

Qui a donné à la France le suffrage universel ? — La République de 1848.

Donc pas de doute, l'appel au peuple tire son origine de la République et ne peut même exister qu'avec elle et par elle, comme nous le prouverons ci-après.

L'appel au peuple bonapartiste n'est donc qu'un appât grossier dont ces messieurs se servent pour attirer à eux les naïfs et les ignorants ; comme de vulgaires charlatans qu'ils sont, ils mettent sur leurs flacons d'eau claire cette étiquette indiquant un reméde bienfaisant et débitent le tout à grand renfort de grosse caisse, cymbales et tambours.

Rouher fait le boniment pendant que Cassagnac-vert-de-gris tourne la manivelle ; à droite et à gauche de la voiture les compères distribuent les photographies du petit gâteux de Woolwich et celle de son digne père le traître de Sedan !

Un tel spectacle serait simplement bouffon si, en voyant ces gens-là, l'on ne se souvenait que tous ces acrobates, prêts à renouveler leurs culbutes, ont attiré sur notre malheureuse France une suite de désastres inouïs et dont l'on trouve peu d'exemples dans l'histoire d'aucune nation.

II

Une claire définition de ce qu'est l'appel au peuple, fera mieux comprendre encore pourquoi les républicains ne peuvent laisser, sans protestations, les bonapartistes s'emparer de ce drapeau qu'ils cherchent à souiller, comme ils ont souillé celui de la France.

L'appel au peuple n'est rien moins que la théorie démocratique du suffrage universel poussée à ses extrêmes limites : c'est le pays consulté directement, autrement dit par voie plébiscitaire, sur ses besoins et ses intérêts, c'est le suffrage universel formulant sa volonté sans l'aide d'aucun intermédiaire. Ce principe essentiellement démocratique a été faussé et dénaturé par le césarisme, lequel tend à absorber la souveraineté nationale à son profit ou au profit d'une caste ou d'une famille.

Les républicains, et nous sommes de ceux-là, ne peuvent admettre qu'une nation, jouissant de la plénitude de ses droits, puisse se donner un maître et aliéner à perpétuité la souveraineté qui lui donne sa raison d'être ; qui reconnaît à un peuple le droit de se prononcer sur la forme de son gouvernement, lui reconnaît, par contre, le droit de se gouverner lui-même si cela lui convient.

Le peuple qui possède ce droit est donc souverain : en lui réside la force et la puissance suprême. Ce même peuple, en nommant des députés qui sont purement et simplement des délégués auxquels il donne la mission de créer un pouvoir législatif et exécutif, n'abdique pas pour cela la souveraineté dont il est le centre actif et producteur, il vient rayonner, éclairer et donner à son mandant la force nécessaire pour qu'il remplisse le mandat octroyé et il n'y a pas de loi physique ou morale qui qui puïsse empêcher que, lorsque le rayonnement qui émane de la masse revient à son centre, le mandant, qui tirait sa force et son éclat dudit rayonnement, ne tombe dans l'impuissance et l'obscurité.

La théorie par laquelle l'on pourrait admettre qu'une nation a le droit de se déposséder de sa souveraineté, vis-à-vis d'un ou plusieurs individus pendant une suite de générations, est donc aussi absurde que celle qui tendrait à prouver que le soleil, centre de la vie universelle, peut déléguer ici bas et à perpétuité à certains corps auxquels ils prête sa chaleur, son pouvoir calorifique et rayonnant.

Si nous renversons notre proposition nous trouvons ceci : le roi ou l'empereur étant le centre de la souveraineté, cette souveraineté rayonne sur les peuples : telle est l'ancienne croyance ; un peuple auquel ses rois manquent, se désagrège et disparaît dans la nuit et le vide ; c'est ce principe, aussi absurde que celui qui faisait tourner le soleil autour de la terre, qui a donné naissance aux monarchies de droit divin ; mais, comme pour le soleil, l'expérience et la science n'ont pas eu de peine à prouver que c'était juste le contraire qui était vrai : de là est née la souveraineté nationale.

III

Les charlatans de l'appel au peuple ne reconnaissent donc la souveraineté populaire qu'autant que celle-ci peut abdiquer à leur profit. Une telle souveraineté, exercée dans de semblables conditions, serait illusoire et dérisoire tout à la fois, ainsi que nous venons de le démontrer. Nous irons même plus loin. La pratique sincère de l'appel au peuple aurait pour conséquence fatale de supprimer tout gouvernement et de rendre électif, et pour un laps de temps déterminé, tous les emplois, charges et fonctions. Les lois élaborées par de simples délégués devraient être en ce cas également soumises à la sanction du peuple réuni dans ses comices. Il est évident que c'est là l'idéal de toute société sincèrement et franchement démocratique et que c'est ainsi que devront se comporter les républiques de l'avenir.

Mais pour arriver là, il faut que l'instruction ait pénétré dans les couches sociales les plus profondes et c'est aussi pourquoi nous, républicains, nous mettons en tête de notre programme : instruction laïque, gratuite et obligatoire ; qui veut la fin veut les moyens.

Demandez aux bonapartistes si c'est ainsi qu'ils l'entendent, et vous verrez aussitôt leur ardent amour de l'appel au peuple se fondre et disparaître comme glace au soleil. Arriver au pouvoir par le guet-à-pens et s'y maintenir par la force et la terreur, la théorie du césarisme est toute entière dans ces quelques mots ; le bonapartisme, faute de mieux, compte sur l'ignorance des masses pour escamoter une majorité qui lierait indéfiniment la nation à leur principe.

Notre ami Henri Béraud, l'un des principaux rédacteurs de la *Tribune* de Bordeaux, faisant l'intérim de rédacteur en chef en l'absence de M. Gustave Naquet, vient de publier une brochure intitulée : *Comment les bonapartistes pratiquent l'appel au peuple* (1). Dans cette excellente brochure où notre ami

(1) Cette brochure est en vente chez tous les libraires, au prix de 10 centimes.

fait, en quelques lignes émues, l'historique du coup d'état de décembre 1851, nous relevons les principaux passages qui suivent :

« Il n'y a de véritable appel au peuple que lorsque le pays vote en toute liberté, sans pression d'aucune sorte....

« A ceux qui ont oublié les enseignement de l'histoire, il faut rappeler les circonstances au milieu desquelles le parti bonapartiste consulta la nation épouvantée, terrorisée par les assassinats et les transportations de décembre, et l'on verra si ce sont là des circonstances qui permettent le fonctionnement régulier du suffrage universel! on verra si l'appel au peuple ainsi compris n'est pas une immense duperie organisée par un parti d'intrigants et d'ennemis du repos public !...

« Puisque l'histoire nous a conservé leurs procédés pour consulter le peuple, sachons au moins profiter de ses enseignements, et que le passé nous serve de leçon pour l'avenir ! »

Voici la conclusion de cette utile et intéressante brochure :

« Quinze jours après le coup d'état, l'appel au peuple eut lieu.

» La France était terrorisée, affolée! c'est ce moment là que les bonapartistes choisirent pour la consulter!

» Pour empêcher un réveil peu propable de l'opinion publique, des ordres rigoureux furent donnés aux préfets et au commandants d'état de siége

» Tous les journaux républicains furent supprimés.

» Il fut expressément interdit de se réunir.

» Dans le Cher, le général d'Alphonse fit placarder un arrêté portant que : « Tout individu cherchant à troubler » le vote en en **critiquant le résultat**, serait immédiate-
» ment traduit devant un conseil de guerre. »

» Dans le Bas-Rhin, le préfet arrête que « la distribution

des bulletins de vote ou d'écrits est formellement inter-
dite. »

« A Toulouse, le préfet annonce qu'il fera poursuivre
« tout individu distributeur ou colporteur d'écrits, de bul-
« letins imprimés ou manuscrits et qui ne sera muni d'une
« autorisation spéciale du maire ou du juge de paix. »

« Voilà, ajoute notre ami, électeurs qui vous laissez sé-
duire par la devise mensongère des bonapartistes, voilà
dans quelles conditions les hommes du coup d'état ont
pratiqué l'appel au peuple !

« Violation de la loi, arrestations illégales, des représentants du peuple, guerre civile dans toute son hor-
reur, fusillades sommaires, transportations en masse
sous le climat meurtrier de la Guyane, suppression de
la liberté de la presse et de la liberté de réunion. Voilà ce
qu'il a fallu aux bonapartistes pour faire leur premier appel
au peuple !

« Si pour le malheur de la France, les bonapartistes
recommencaient cette douloureuse expérience, voilà les
conditions qu'il leur faudrait et l'effroyable état de choses
qu'ils ramèneraient !

« C'est un des leurs, Paul de Cassagnac, qui l'affirme
dans le PAYS : « **l'empire restauré sera le régime
de 1852 dans toute sa splendeur.** »

L'appel au peuple, tel que le compren-
nent les républicains, exclut donc toutes les
formes revêtues par les gouvernements
monarchisques, et ceux là seuls respectent la
souveraineté nationale, qui lui laissent la
faculté de renouveler ses délégués après
une certaine période d'exercice, donnant
ainsi aux générations qui se succèdent le
droit de se prononcer à leur tour et d'émet-
tre, selon les progrès accomplis, de nou-

veaux avis sur l'impulsion à donner au
affaires du pays.

Et cependant, malgré cela, les députés
républicains qui, jusqu'à ce jour, n'ont cessé
de demander la dissolution de l'assemblée
nationale, à laquelle ils refusaient de recon-
naître le pouvoir constituant, ne deman-
daient pas autre chose que l'appel au peuple pratiqué sincèrement et loyalement.
Les Thiers, les Grévy, les Casimir-Périer,
confiant dans la sagesse du pays, ont
adopté ce principe, en demandant la constitution définitive de la République ou de
la dissolution.

Qu'ont fait les bonapartistes dans cette
alternative ?

Une bonne moitié a voté contre la dissolution, c'est-à-dire contre l'appel au peuple,
parce qu'ils savaient pertinemment que ce
principe loyalement pratiqué, les excleurait
à tout jamais des affaires du pays.

Est-ce que les députés qui se présente-
ront pour former une assemblée constituante ne seront pas nommés pour faire
valoir les opinions de leurs électeurs sur
la forme définitive du gouvernement? pré-
tendre le contraire serait absurde. Eh bien,
si la majorité de la nouvelle constituante,
nommée par le suffrage universel, était
impérialiste, qui l'empêcherait en ce cas de
faire l'empire ? Orléaniste, de proclamer
la monarchie constitutionnelle; légitimiste,

la monarchie légitime ? Seuls en ce cas, les républicains seraient, par le fait de l'ignorance des électeurs, les victimes de leur fidélité aux principes qu'ils n'ont pas désertés et qu'ils ne déserteront pas quoi qu'il arrive, le suffrage universel devant, tôt ou tard, abattre les monarchies qui seraient tentées de s'en servir, et faire place à la République. Orléanistes et légitimistes ne peuvent donc accepter la lutte sur ce terrain, leurs principes s'y opposent formellement ; quant aux bonapartistes, ils n'ignorent pas non plus que le suffrage universel, libre de leurs terreurs et de leur oppression, se prononcerait énergiquement contre eux.

Tel est le secret de la politique de nos adversaires.

IV

Pénétré de cette idée que le suffrage universel admis dans sa plus large acception, ne peut que tôt ou tard profiter à la République, nous avons voulu fonder un organe républicain avec ce titre de l'*Appel au peuple* que les bonapartistes ont déjà trop exploité et qui leur sert d'appât pour attirer dans leurs filets les naïfs et les ignorants. Nous voulons confondre le faux appel au peuple en lui opposant l'*Appel au peuple Républicain*, le seul vrai et légitime ; nous voulons opposer au mensonge, la vérité !

Pour fonder cet organe, nous n'avons pas écouté seulement notre propre sentiment, nous nous sommes inspiré des idées et des opinions d'hommes politiques d'une valeur incontestable et dont les convictions sont à l'abri de toute suspicion.

Voici les passages les plus saillants d'un discours que M. Alfred Naquet, le député, prononça dans la célèbre séance du 19 novembre 1873, à l'assemblée nationale :

« La monarchie est un gouvernement fermé aux progrès et aux améliorations, tandis que la République est un gouvernement toujours ouvert aux changements et aux progrès.

» Après le 2 décembre un plébiscite, fait dans les conditions de pression, a donné dix-huit ans d'existence à l'empire. Je voudrais pour la République une ratification semblable faite en toute liberté.

» Le parti impérialiste s'en fait aujourd'hui une arme et dit au pays : « Les républicains n'osent pas consulter la souveraineté nationale ! » Eh bien, cette arme ! je ne veux pas la leur laisser, car c'est nous qui, les premiers, après les élections du 2 juillet avons proposé la dissolution et l'appel au peuple.

» De deux choses l'une. Ou bien cette assemblée votera, ou bien elle repoussera le plébiscite.

» Je ne veux pas, si elle le rejette, que le parti bonapartiste s'en fasse une arme. »

Ce que l'honorable député de la gauche craignait est à cette heure un fait accompli ; les bonapartistes, avec leur audace accoutumée, ne cessent de battre la grosse caisse et de faire des boniments dans les-

quels ils se proclament les uniques défen-
seurs de l'appel au peuple, ce qui est faux
ainsi que nous continuons à le prouver.
Dans le N° de la *Tribune de Bordeaux*, en
date du 26 novembre 1873, son excellent
rédacteur en chef M. Gustave Naquet, dont
on connait le courage et la fermeté sur le
terrain des principes, répondait au discours
de M. Alfred Naquet par une lettre dont
nous donnons ci-après les principaux
passages :

« MON CHER AMI,

« J'ai relu très attentivement votre discours sur l'appel
au peuple, envisagé au point de vue des principes républicains, et je n'y trouve rien à reprendre . . . .
» Il est certain cependant qu'en principe, on ne peut
fonder sur la souveraineté du peuple qu'un régime qui en
soit l'affirmation, et que cette souveraineté ne peut être
déléguée, par une génération d'électeurs que pour un
temps déterminé, sous peine d'usurper la souveraineté des
générations suivantes. On ne peut donc faire sortir ni
pouvoir viager, ni pouvoir héréditaire de l'appel au peuple. On ne peut régner que :
» **ou** par droit de conquête **ou** par droit de naissance. »
Et nullement en vertu d'une délégation de la souveraineté
du peuple. C'est pourquoi l'appel au peuple, si l'assemblée
actuelle le préférait à cet appel plus régulier et plus
démocratique qui consiste à élire des représentants **avec
mandat impératif**, ne présenterait aucun inconvénient,
aucun péril.
» Le parti républicain peut donc s'y rallier sans com-
promettre aucune de ses espérances, aucun de ses princi-

pes. En fait, l'appel au peuple tournerait sans nul doute à l'avantage de la République ; en droit, il ne peut rien édifier, rien fonder en dehors d'elle et sans elle. »

On ne peut être ni plus net, ni plus clair et ces quelques commentaires complètent admirablement notre programme.

Comme on pourrait nous objecter que, jusqu'à un certain point, nos théories n'ont que l'appui des républicains radicaux, nous donnons ci-après et en entier la lettre que M. le vicomte de Tocqueville, l'un des membres des plus éminents du centre gauche, adressait de Paris à la date du 25 novembre 1873 à la *Vigie de Cherbourg* :

« MONSIEUR LE RÉDACTEUR

« Vous m'interpellez et me demandez la raison de mon vote en faveur de la proposition de l'honorable M. Eschassériaux.

» Vous usez là d'un droit que je reconnais volontiers à chaque électeur ; aussi, vous donnerai-je immédiatement pleine satisfaction.

» S'il est une vérité élémentaire, je suis presque confus de le rappeler, c'est qu'un pays ne peut vivre sans une constitution quelconque.

» Or, l'Assemblée se refuse absolument à nous en donner une.

» La monarchie a craqué misérablement dans ses mains et, par chagrin, elle repousse la seule chose qui nous reste, la République.

» Vous êtes un trop habile homme, monsieur, pour ne pas l'avoir compris : Le vote du 19 novembre n'est qu'un trompe-l'œil ! Ministres et majorité jetteront sans regrets leur œuvre par dessus le bord, dès que les circonstances leur permettront de renouer des intrigues suspendues, mais non abandonnées.

« Comment sortir de cette impasse où la France s'étiole et menace d'achever sa ruine.

« Je ne vois plus d'autre moyen, puisque l'Assemblée semble s'être promis l'éternité ! que d'en appeler à la nation elle-même.

« Je suis loin de faire de l'appel au peuple un instrument ordinaire du gouvernement; mais j'estime qu'il est des heures solennelles où il s'impose comme une ressource suprême.

« Voilà l'explication de mon vote.

« Vous dirai-je toute ma pensée, monsieur ?

« Si un plébiscite effraie **aujourd'hui** tant de vos amis, c'est qu'il serait le naufrage de bien des portefeuilles et de bien des sous-secrétaires d'Etat ; c'est que la République en sortirait triomphante ; c'est qu'il éclopperait nombre d'ambitions qui supputent déjà qu'il vaut mieux conserver un malade que de le guérir.

« Veuillez agréer, monsieur le rédacteur en chef, l'assurance de mes sentiments très-distingués.

Vicomte DE TOCQUEVILLE.

Nous pouvons dire, sans craindre de de nous tromper, que de tels adhérents donnent à notre principe sa consécration définitive et dès lors le masque de l'appel au peuple, derrière lequel les bonapartistes dissimulent leurs convoitises et leur abjecte ambition, tombe et disparaît pour ne laisser voir que les cyniques brocanteurs qui font commerce de vieux coups d'états rapetassés et pour lesquels le crime, le vol et l'assassinat sont les suprêmes moyens d'existence !

V

Nous terminerons ce travail par la reproduction d'une lettre adressée en mai 1870, à la veille du trop fameux plébiscite, à l'un des journaux républicains de Paris par un habitant de la campagne, sous le titre suivant :

Les paysans et le plébiscite.

Cette lettre est remarquable à plus d'un titre et indique encore aujourd'hui, aux républicains sincères, quelle est la conduite qu'ils ont à tenir et dans quelle condition ils pourront ramener à eux les suffrages de la démocratie rurale. En outre, elle résume mieux que nous ne pourrions le faire nous-mêmes le programme que nous nous sommes imposé. Voici cette lettre dont nous élaguons tout ce qui n'a pas de rapport avec la situation actuelle :

« Je vis au milieu des paysans, je les connais, je sais ce qu'ils pensent, ce qu'ils valent et de quel coté les pousse leur instinct de travailleurs; je puis parler en leur nom et je ne crains pas que l'avenir me donne un démenti lorsque je dis aux républicains, aux ouvriers des villes : si hardiment que vous vous engagiez sur le terrain révolutionnaire, ne craignez pas d'y rester seuls ; avant qu'il soit longtemps, les paysans vous auront rattrapés. ! »

Il ne faut pas perdre de vue ici que sous l'empire les républicains étaient révolutionnaires autant qu'ils sont conservateurs, dans le sens exact de ce mot, sous la République.

Cependant les partis réactionnaires, plus habiles en ce cas que les républicains, se sont décorés de ce titre de conservateur qu'ils mettent constamment en avant dans l'espoir de tromper ceux qui ne voient que l'étiquette, puisque pour eux conservation signifie bouleversement de toutes les institutions qui nous régissent, sans exception pour la forme de gouvernement que nous possédons : tout conservateur actuellement est donc le pire des révolutionnaires; cette vérité est trop claire pour avoir besoin d'une plus ample démonstration. Nous continuons donc notre citation :

« Pour dire la vérité, ce n'est point encore affaire faite.

» Les forces révolutionnaires qui surgiront un jour de cet immense peuple des campagnes, sont presque partout à l'état latent, mais pour les faire jaillir comme l'étincelle du caillou, il peut suffire d'un choc, d'une secousse inatendue,

» A ce point de vue, le plébiscite qui va tirer pour quelques jours les paysans de leur apathie, qui va les mettre en mouvement, qui force la propagande révolutionnaire à les moins négliger et à s'occuper enfin d'eux, le plébiscite est une excellente chose.

» Les paysans, cela est malheureusement trop probable, voteront cette fois encore en majorité pour l'empire. A qui la faute et à qui devons-nous nous en prendre ? Qu'a-t-on fait pour eux depuis vingt ans ? qui, à **l'exception de quelques citoyens dévoués mais trop peu**

nombreux, trop isolés pour que leur action rayonnat sur les campagnes, qui a songé aux paysans? qui s'et attaché à leur faire comprendre que leurs intérêts et ceux de la Révolution sont identiques? On ne s'est occupé que des villes parce que la propagande y est plus facile. Les villes sont à nous, mais cela ne nous empêche pas d'être écrasés sous une avalanche de bulletins campagnards.

» Depuis quelques jours, les comités de Paris envoient des journaux dans les communes les plus reculées! il est bien temps! On fait au dernier moment et quand les fers sont au feu, ce qu'on aurait dû faire depuis dix ans. On espère improviser, à force d'activité, une œuvre qui exige avant tout de la patience et on s'étonne de ne pas réussir!

» Et pourtant si courte qu'en soit la durée, l'agitation plébiscitaire portera ses fruits, le contrecoup s'en fera sentir longtemps encore après le vote, et si nous ne nous rendormons pas, si le travail commencé n'est pas interrompu, si chacun de nous, après avoir lu son journal, l'envoie ou le porte à des paysans, si à la propagande écrite, se joint la propagande orale, avant six mois d'ici, nous pourrons convier l'empire à un second plébiscite. Il nous en dira des nouvelles, il apprendra de façon péremptoire ce que les campagnes pensent de lui et ce qu'elles comptent en faire, Cela n'est pas bien difficile, ce que nous demandons là. Il n'y faut ni héroïsme, ni miracles de dévouement, **mais seulement un peu de bonne volonté et quelque persistance.**

» Pour avoir, depuis l'empire, dédaigné le paysan comme s'il était à jamais inféodé à la réaction, nous avons vraiment oublié ce qu'en quelques mois la Révolution de février avait fait de lui, nous avions perdu la mémoire des élections de 1849 et de l'insurrection qui suivit le coup d'état. En 1849, dans un grand nombre de départements, les mêmes paysans qui, quelques mois auparavant, avaient acclamé Louis Napoléon, votèrent pour la liste démocratique-socialiste. Ils n'avaient pas perdu de temps pour faire leur éducation et ils savaient à merveille de quel côté étaient leurs amis, de quel côté leurs ennemis ! 1852 approchait : la monarchie, l'aristocratie bourgeoise, le clergé se sentaient condamnés. Pour les sauver, il fallut le coup d'Etat.

» Où l'homme de Décembre rencontra-t-il la plus énergique résistance, résistance contre laquelle il faillit se briser ? Dans les villes ? Non, dans les campagnes. Le tocsin sonna dans toutes nos communes et Marianne eut pour soldats de pauvres diables de paysans qui se battirent comme les hommes de Saint-Merri et de Transnonain !

» Les paysans avaient été à l'honneur, ils furent à la peine et la persécution s'abattit sur eux, plus sauvage, plus impitoyable encore que pour leurs frères des villes.

» La chasse à la battue organisée dans les bois, dans les montagnes, les prisonniers passés par les armes, les villages dépeuplés, de longues files de malheureux traînés le long des routes entre deux haies de soldats, des populations entières poussées par troupeaux vers Cayenne ou l'Afrique, voilà ce qu'on vit dans l'Hérault, dans le Var, dans la Nièvre, dans les Basses-Alpes, dans la Drôme ailleurs encore ....

» Ceux qui furent assez heureux pour échapper à la mort et aux proscriptions baissèrent la tête sous l'orage. Menacés à la fois par le prêtre, par le gendarme et par le grand propriétaire, à qui auraient-ils demandé justice et protection ? L'instituteur même, qui naguère leur parlait de la République et de leurs droits, n'était plus là. Lui aussi, il était en transportation ou en exil, à tout le moins chassé du pays. Que faire ? Point de nouvelles des patriotes de la ville. Le paysan n'avait plus qu'à plier devant le prêtre, devant le gendarme, devant le grand propriétaire, **il plia et vota comme on lui dit de voter.**

» Puis de longues années se passèrent, pendant lesquelles, abandonné à lui-même, il désapprit ces noms de République et de Révolution qu'il avait commencé à balbutier.

» Comment aurait il pu en être autrement ?

» **Rien ne se fait de rien. Les campagnes délaissées par nous, nous ont échappé, et elles se sont livrées à leurs ennemis................**

» Le paysan se rend parfaitement compte qu'il subit le plus dur des servages, et il n'aime pas son servage, croyez le !

» Il sert pourtant, il sert parce qu'il est ignorant, il sert parce qu'il a peur. Il faut l'instruire et le rassurer. Il faut lui apprendre — ce ne sera pas long, car il a l'oreille fine — que la Révolution seule peut le délivrer. Il faut le rassurer en lui montrant qu'il est la force parce qu'il est le nombre et qu'uni aux ouvriers des villes, il n'a rien à craindre ni du curé, ni du gendarme, ni du maître de la terre, qu'il soit noble ou bourgeois.

» Quand nous aurons accompli cette œuvre, et je le répète, il n'y faut qu'un peu de bonne volonté et de continuité dans l'effort, nous pourrons défier toutes les réactions présentes et futures car la Révolution aura poussé ses indestructibles racines au cœur même de la nation »

Telle a été aussi notre pensée en créant nos brochures de *propagande républicaine* dont le succès a dépassé toutes nos espérances, tel est notre programme en essayant de fonder dans le département de la Gironde un journal à 5 centimes sous le titre de *l'Appel au peuple Républicain*, titre que les bonapartistes essayent de nous subtiliser et qui n'a cependant rien de commnn avec leurs détestables principes.

Pour accomplir notre œuvre nous avons besoin de toutes les adhésions et nous conservons le ferme espoir que notre appel sera entendu par tous les républicains de la Gironde auxquels les dernières élections, qui ont ouvert dans ce département les portes du conseil général aux bonapartistes les plus compromis, ont donné quelques soucis, qui croient qu'il n'y a pas de temps à perdre et qu'il faut réagir au plutôt contre la détestable influence des candidats *du faux Appel au Peuple !*

Radicaux et modérés pourront se serrer autour de notre drapeau, car il est l'emblême de la souveraineté nationale de laquelle nous dépendons tous.

Tous ceux qui acceptent notre programme et qui voudraient participer à notre œuvre, peuvent donc dès à présent en donner connaissance au directeur-gérant de l'*Appel au peuple Républicain*, 30, rue Lacornée à Bordeaux.

FIN

Bordeaux. — Imp. A. ARNAUD, rue des Facultés, 80

9 782011 748171